MÉMOIRE

SUR L'ÉTAT ACTUEL

DE LA

TRAITE DES NÈGRES

1875

Avant 1815, époque où les Plénipotentiaires des grandes Puissances Européennes signèrent, lors du *Congrès de Vienne*, une *Déclaration* diplomatique contre la *Traite des nègres*, l'Afrique occidentale était presque le seul point d'où l'on tirait les esclaves. Aujourd'hui, au contraire, la traite, ou pour mieux dire le vol des nègres s'étend au Nord, à l'Est, et jusqu'au cœur même de ce continent; entre les 1° et les 40° de longitude, et du 15° Sud au 20° Nord de latitude. La zone de la chasse aux esclaves s'étend chaque jour davantage dans la direction de l'Ouest et dans celle du Nord.

Livingstone, dans son dernier *Journal*, Schweinfurth, dans son ouvrage *l'Afrique centrale*, Sir Samuel Baker, dans son *Ismaïlia*, et d'autres voyageurs célèbres, confirment pleinement cet état de choses.

Sir Bartle Frere, Envoyé spécial de Sa Majesté Britannique, a déclaré à plusieurs reprises, soit par écrit, soit devant des réunions

publiques, que « *tout ce qui a été rapporté par Livingstone et par ses compagnons est vrai.* »

La plupart des faits consignés ici ont été contrôlés par ces grandes autorités.

La « *Correspondance* » *présentée au Parlement anglais*, en 1873, par Sir Bartle Frere, constate que le « *Vicariat apostolique de l'Afrique centrale* » s'étend sur des contrées dont la population est estimée approximativement à 80 millions de nègres, entre là mer Rouge et l'Océan Indien à l'Est, et l'Océan Atlantique à l'Ouest ; et que le nombre d'êtres humains enlevés chaque année à cette population par la traite est estimé, par le Supérieur de la mission, à un million d'individus.

Quant au commerce des esclaves proprement dit, il se pratique plus au Nord encore du continent Africain, ainsi que dans une partie de l'Asie occidentale, et même jusque sur un point de l'Europe.

Les esclaves enlevés sont destinés au commerce d'exportation, c'est le plus grand nombre ; ils sont appelés à faire des voyages meurtriers, exposés souvent aux plus mauvais traitements et à passer plusieurs fois sur les marchés publics.

Les débouchés des esclaves pour l'exportation sont l'Egypte, Tripoli de Barbarie, les rives Est et Ouest de la mer Rouge, le Nord de Quiloa, les établissements Portugais de Mozambique, comme aussi et généralement, toute la côte orientale d'Afrique. Enfin, la Turquie, la Perse et l'Afghanistan, qui ont encore des marchés d'esclaves.

Autrefois, les négriers prenaient le chemin de l'Amérique, mais les marchés du Nouveau Monde se sont fermés les uns après les autres, les Etats-Unis, les Antilles, et les colonies Portugaises, où les esclaves doivent être tous affranchis en 1878. Aujourd'hui, c'est presque uniquement vers le monde Musulman que les envois d'esclaves sont dirigés par les marchands arabes, qui pratiquent la chasse aux nègres sur la côte orientale d'Afrique et dans le cœur de ce continent.

La Traite à Zanzibar.

Le rapport du comité spécial de la Chambre des Communes d'Angleterre, en 1871, mentionne le fait que le nombre des esclaves exportés annuellement de Zanzibar et ayant passé par les douanes de Quiloa (Kilwa), de 1862 à 1867, donne une moyenne de 19,440 par an.

Depuis la signature du traité de Zanzibar, en Juin 1873, le commerce d'esclaves s'est modifié. Des *routes de terre* ont été organisées, par lesquelles des milliers d'esclaves, enchaînés les uns aux autres, et marchant par escouades, sont dirigés vers le Nord pour être embarqués à Pemba, à Lamoo, à destination des marchés de l'Egypte, de la Turquie et de la Perse.

M. Elton, vice-consul de Sa Majesté Britannique, donne en date du 28 janvier 1874, le chiffre des esclaves qui ont passé par la *route de terre*, de Dar-es-Salam à Quiloa (Kilwa-Kivinga) du 21 décembre 1873 au 20 janvier 1874 : il s'élève, pour un seul mois, à 4096.

Le révérend Charles New, de Monbassa, écrit ce qui suit, en date du 29 août 1874, au comité de la Société Anti-Esclavagiste Britannique et Etrangère : « Le transport des esclaves, par terre, « de Quiloa (Kilwa) et des autres villes du continent Africain « continue à se pratiquer dans des proportions effrayantes. »

La Traite à Madagascar.

Le 27 juin 1865, le Gouvernement de Sa Majesté Britannique a conclu un traité avec Sa Majesté la reine de Madagascar, par lequel cette dernière s'engage à faire tout son possible pour empêcher le trafic des esclaves.

En outre, la reine de Madagascar a fait une proclamation, par laquelle elle déclare libres tous les natifs d'Afrique importés dans ses États depuis le mois de juin 1865.

Toutefois, il ressort des déclarations produites en 1871, devant le *Comité spécial de la Chambre des communes d'Angleterre*, par l'honorable Crespigny Vivian, M. Henry Adrian Churchill, C. B., le major-général Rigby et le capitaine Colomb, qu'il existe un commerce d'esclaves entre les colonies Portugaises et Madagascar.

Le capitaine anglais Sullivan, commandant du vaisseau le *Daphné*, rapporte (en 1873) que le trafic des esclaves s'étend plus que jamais sur cette partie de la côte d'Afrique : « La traite des « esclaves, ajoute-t-il, est, encore aujourd'hui, le principal com- « merce sur le canal de Mozambique, et sa suppression nécessitera « des mesures énergiques. »

En 1874, à Majunga, un vaisseau de guerre a saisi un *dhow* arabe (vaisseau négrier) qui avait à bord beaucoup d'esclaves.

Les journaux anglais du 22 février 1875 annoncent qu'un na- vire de guerre, le *Rifleman* a capturé, après une courte lutte avec les négriers, deux *dhows* remplis d'esclaves.

Le commerce d'esclaves du Soudan à Tripoli.

Un nombre considérable d'esclaves sont amenés, par caravanes, à Tripoli de Barbarie, des districts environnant le lac Tchad. Les uns meurent en route des privations et des mauvais traitements, les autres sont vendus aux habitants de Tripoli et restent dans le pays, d'autres enfin sont réexpédiés et envoyés à Constantinople.

Le 19 février 1872, l'attention du Gouvernement anglais fut ap- pelée à la Chambre des Communes, sur la coutume d'expédier des jeunes filles esclaves de Tripoli à Constantinople, par voie de Malte. A ce sujet, Lord Enfield prononça, en plein Parlement, les paroles suivantes : « Je dois rendre cette justice à nos Consuls, que leur sur- « veillance sur le commerce d'esclaves est généralement des plus « actives, et que leurs représentations ont réussi à procurer la libé- « ration de plusieurs centaines d'esclaves. »

Cette déclaration prouve quels pouraient être les heureux résultats d'une surveillance exercée simultanément par les Consuls de toutes les nations civilisées.

Le commerce d'esclaves du Nil.

DARFOUR — KORDOFAN — ABYSSINIE — GALLAS

Le commerce d'esclaves est très-actif dans le bassin du Nil Blanc et les districts circonvoisins. Les nègres volés sont dirigés par diverses routes sur les marchés d'esclaves de l'Egypte, de l'Arabie, de la Turquie et de la Perse.

Le docteur Schweinsfurth, dans son *Afrique centrale*, publié en 1874, mentionne le fait que les marchands d'esclaves arabes de Bahr-el-Ghazal ont toujours un stock de 50 à 60,000 esclaves disponibles, qu'ils considèrent comme simple marchandise, et qui sont parfois fort maltraités, sans compter tous les esclaves qu'ils tiennent en réserve comme nègres de choix !

Ces marchands dressent des esclaves spéciaux pour faire la chasse aux nègres ; ainsi, chez les seuls Gallas, au Sud de l'Abyssinie, entre le 3° et le 8° degrés de latitude Nord, 10,000 esclaves ont été enlevés dans le courant de l'année 1865 seulement.

Les captifs prisonniers à la suite de guerres entre tribus sont échangés contre des verroteries, du sel gemme, du zinc, de l'étain, du cuivre, du drap, de la soie, etc.

La traite a lieu : chez les nègres Bertas, au Sud de Fazolde (Fazogl) ; dans le Denka, au Sud de Sennaar ; chez les Agow, au cœur de l'Abyssinie ; dans toutes les immenses régions supérieures du Nil Blanc, y compris les lacs Albert et Victoria ; dans les districts de Bahr-el-Ghazal, les tribus de Mongo, Mittoo et Babucker, ainsi que dans les pays montagneux au Sud du Kordofan.

Douze à dix-huit mille individus sont exportés annuellement du Sud du Darfour.

Le marché d'esclaves de Basso, dans le Godyam, au Sud-Ouest de l'Abyssinie, est l'un des plus importants ; 5,000 esclaves y sont

vendus *chaque semaine !* Les esclaves sont expédiés à la hâte par
Agan, Meder, et Mattamah ; puis, de là, soit à Khartoum et en
Egypte, soit à Messaoua (Massowah), et en Arabie.

Onze mille esclaves environ sont transportés, annuellement, à
travers le royaume de Shoa, dans la direction du Tajura. Les marchands d'esclaves ont à payer une taxe de deux shellings par chaque esclave qui traverse le royaume de Shoa. A Shoa même il y a
deux grands marchés d'esclaves : l'un à Abdurassul, l'autre à
Davé.

L'esclavage en Égypte.

L'importation des esclaves est nominalement prohibée en Egypte
mais il existe néanmoins dans ce pays un commerce d'esclaves
très-étendu. On trouve à Alexandrie, à Tanlah, au Caire, à Souakin,
à Messaoua (Massowah), et dans plusieurs autres localités, des
marchés d'esclaves où on peut acheter, et autant que l'on veut, des
Circassiens, des Georgiens, des Africains, des deux sexes et de
tout âge.

Dans un *Appendice* à son *Mémoire* sur l'état actuel du trafic des
esclaves et de l'esclavage en Egypte, Sir Bartle Frere cite l'opinion
suivante d'un médecin de grande expérience : « A en juger d'après
« ce que je vois dans les maisons d'un ordre supérieur, où la pro-
« portion est naturellement plus forte, j'estime que les esclaves
« forment, en Egypte, au moins un tiers de la population, et que
« cette proportion tend plutôt à augmenter qu'à diminuer. »

On estime à plus de mille le nombre des esclaves qui sont annuellement amenés dans la seule ville du Caire.

« Un résident d'une ville importante, dit Sir Bartle Frere,
« évaluait à plusieurs milliers par année le nombre des esclaves
« de fraîche importation qui y sont vendus ; un autre résident
« estimait les importations au chiffre de dix mille par an pour
« toute l'Egypte. »

L'esclavage en Turquie.

Par le firman impérial du 1ᵉʳ octobre 1854, la Sublime Porte a défendu la traite des nègres. Cependant la *Correspondance du Ministre et des Consuls de Sa Majesté Britannique en Turquie* démontre que ce commerce est encore toléré, et qu'il se pratique sur une large échelle dans diverses parties des Etats de Sa Majesté le Sultan.

Sir Henry Elliott, ambassadeur Britannique à Constantinople, écrivait au Gouvernement Ottoman, en date du 25 juillet 1870, pour constater que « des preuves flagrantes du commerce d'esclaves « avaient été portées à la connaissance de la Sublime Porte. »

A Constantinople même, il existe des marchés d'esclaves, qui sont alimentés par des esclaves Circassiens, Georgiens et nègres.

A Damas, on trouve encore actuellement (1875) un marché d'esclaves : beaucoup de femmes y sont achetées pour les harems.

L'esclavage en Arabie.

A Hodeida, sur la mer Rouge, non loin de Moka, des milliers d'esclaves sont mis en vente. Une partie d'entre eux sont envoyés dans l'intérieur de l'Yémen, d'autres sont dirigés sur Djeddah, Smyrne, Damas, Constantinople, et autres villes de l'Empire Turc.

A la date du 30 juin 1874, on écrivait de Djeddah à la *British and Foreign Anti-Slavery Society,* que Djeddah et tous les ports de ce côté de la mer Rouge fourmillaient d'esclaves destinés à la vente. Cette ville fournit surtout des esclaves aux pélerins qui reviennent de la Mecque.

On affirme que « le nombre des esclaves importés annuellement « dans la province de l'Hedjaz ne doit pas être au-dessous de 5,000. « La moitié, au moins, sont expédiés directement sur la Mecque et « sur d'autres villes de l'intérieur, où ils sont vendus aux pélerins

« de la Perse, de la Syrie, et de l'Egypte, qui vont à la Mecque par
« la route des caravanes. »

L'esclavage en Perse.

En juin 1848, un firman a été décrété par le précédent Shah de
Perse, et confirmé par le Souverain actuel de la Perse, prohibant
l'importation « *par mer* » des esclaves. Toutefois le commerce
d'esclaves *par terre* n'en demeure pas moins florissant. On importe
les esclaves en Perse de l'Afrique orientale, de l'Arabie, de Trébi-
zonde et de l'Afghanistan.

Le commerce d'esclaves dans l'Afghanistan.

Il ressort, d'informations reçues de sources certaines, que l'Emir
de Caboul, ainsi que les autres chefs chez les Afghans, pratiquent
la chasse aux esclaves dans les tribus du voisinage.

Ces chasses se font dans de vastes proportions ; ainsi l'ancien
gouverneur de Faizabad, Mir Ghulem Bey, possédait des milliers
de chevaux, dont les cavaliers avaient, pour unique occupation,
de courir la campagne afin d'enlever des esclaves.

Des marchés d'esclaves sont établis dans le Caboul, à Badakhshan,
Rostach, Candahar, Kundus, Maimana, Herat, et dans plusieurs
autres localités.

MEMORANDUM

DU COMITÉ INTERNATIONAL ANTI-ESCLAVAGISTE

CONSTITUÉ PAR DÉLÉGATION DE
"THE BRITISH AND FOREIGN ANTI-SLAVERY SOCIETY"
ET PAR DÉLÉGATIONS DES DIVERSES BRANCHES DE L'ALLIANCE UNIVERSELLE.

Le Comité international anti-esclavagiste (constitué par délégations spéciales: 1° de la Société connue sous le nom de *The British and Foreign Anti-Slavery Society* et 2° des Comités des diverses Branches de l'Alliance Universelle), soumet respectueusement aux Gouvernements de tous les États civilisés le Memorandum suivant, sur lequel il désire attirer la bienveillante attention des Puissances.

Lors du Congrès de Vienne, une Déclaration diplomatique contre la Traite des Nègres et le commerce d'esclaves a été signée dans cette ville, le 8 février 1815, par les Plénipotentiaires des grandes Puissances Européennes, sous le titre de *Déclaration des huit Cours, relative à l'abolition universelle de la traite des nègres*, laquelle Déclaration est revêtue des signatures des célèbres diplomates, Castlereagh, général Stewart, Wellington, Nesselrode, Lowenhielm, Gomez-Labrador, Palmella, Saldanha, Lobo, Humboldt, Metternich et Talleyrand, qui représentaient la Grande Bretagne, la Russie, l'Autriche, la Prusse, la France, l'Espagne, la Suède et le Portugal.

Cette *Déclaration des huit Cours* fut de nouveau affirmée le 28 novembre 1822, par les Résolutions adoptées dans la Conférence diplomatique de Vérone, par les Plénipotentiaires de l'Autriche, de la France, de la Grande Bretagne, de la Prusse et de la Russie, sous le titre de : *Résolutions relatives à l'abolition de la traite des nègres, adoptées à la Conférence du 28 novembre 1822.*

Les efforts tentés, en conséquence de la Déclaration de Vienne et des Résolutions de Vérone, par les Puissances signataires des dits traités, ont reçu l'approbation de toutes les nations civilisées, dont plusieurs, quoique ne participant pas comme signataires aux protocoles du Congrès de Vienne et de la Conférence de Vérone, ont, depuis lors, supprimé l'esclavage dans leurs États.

Les principes reconnus par les Gouvernements représentés à Vienne en 1815 et à Vérone en 1822 ont, dans leur esprit même, de beaucoup dépassé la question, alors dominante, de la traite des nègres, et ont été heureusement appliqués à d'autres hommes de races et de conditions différentes.

Le Comité international anti-esclavagiste, encouragé par la *Déclaration* et par les *Résolutions* des Puissances contractantes sus-mentionnées, « *que leur obligation ne sera point considérée comme accomplie jusqu'à ce qu'un succès complet ait couronné leurs efforts,* » a été chargé, par *The British and Foreign Anti-Slavery Society* et par l'Alliance Universelle, de soumettre respectueusement à toutes les Puissances civilisées certains faits sur lesquels ils les prient de daigner apporter leur bienveillante attention.

Ces faits sont les suivants :

« La traite des nègres existe actuellement, sur terre ou sur mer, dans la plus grande partie de l'Afrique, principalement sur la côte orientale de ce continent.

« Le commerce d'esclaves se pratique librement dans le bassin méridional du Nil et sur les côtes de la Mer Rouge.

« Le vol des nègres s'effectue sans obstacles dans l'intérieur de l'Afrique.

« Dans le district du lac Tschad, beaucoup de nègres sont enlevés par des caravanes qui les vendent aux populations musulmanes du Nord de l'Afrique, particulièrement au Fezzan et à Tripoli de Barbarie, d'où, un certain nombre, sont envoyés et revendus en Turquie.

« L'exportation des esclaves continue de la côte de Mozambique à l'île de Madagascar.

« En Egypte, où l'esclavage et les marchés d'esclaves sont encore tolérés, l'annexion de nouveaux territoires, jusqu'à ce jour exploités par des marchands qui enlèvent pour leur compte des esclaves, revendus par eux en Egypte, donne une extension réelle à l'esclavage des nègres et à la traite.

« Plusieurs contrées soumises à la Turquie conservent encore l'esclavage, ce qui donne de l'extension au commerce des esclaves dans la plus grande partie de l'Empire Ottoman.

« L'esclavage, la vente d'esclaves de diverses races et la traite existent encore dans l'Asie Centrale, notamment dans les territoires de l'Emir de Caboul, ainsi que dans les contrées environnantes.

« La traite sur terre et sur mer existe également dans les Etats de Sa Majesté le Shah de Perse. »

Le Comité international anti-esclavagiste, représentant *The British and Foreign Anti-Slavery Society* et l'Alliance Universelle, croit devoir se borner à ces quelques citations ; mais il est loin d'avoir épuisé ce sujet, soit dans son étendue, soit dans ses diverses formes, relativement à l'état actuel de l'esclavage et de la traite des nègres. Il n'a pas non plus la prétention d'indiquer les moyens d'action que les Gouvernements civilisés pourraient adopter pour arriver au but que les Puissances se sont si noblement proposé lors du Congrès de Vienne et de la Conférence de Vérone. Mais, c'est afin de chercher à obtenir la réalisation de ce but que le Comité international a décidé de prier respectueusement les Gouvernements de tous les Etats civilisés de consentir à la réunion, à Londres, d'une Conférence qui s'ouvrira le 1er Février 1875, aux fins d'étudier par quels moyens la traite des nègres peut être définitivement abolie et de chercher à obtenir le renouvellement, par toutes les Puissances civilisées, de la Déclaration de Vienne et des Résolutions de Vérone.

Londres, 41, Pall Mall, le 25 Novembre 1874.

DÉCLARATION DES 8 COURS

RELATIVE A L'ABOLITION UNIVERSELLE DE LA TRAITE DES NÈGRES

(Congrès de Vienne, protocole du 8 Février 1815).

Les Plénipotentiaires des Puissances qui ont signé le Traité de Paris du 30 Mai 1814, réunis en Conférence, ayant pris en considération :

Que, le Commerce connu sous le nom de *Traite des Nègres d'Afrique* a été envisagé, par les hommes justes et éclairés de tous les temps, comme répugnant aux principes d'humanité et de la morale universelle ;

Que, les circonstances particulières auxquelles ce Commerce a dû sa naissance et la difficulté d'en interrompre brusquement le cours ont pu couvrir, jusqu'à un certain point, ce qu'il y avait d'odieux dans sa conservation, mais qu'enfin la voix publique s'est élevée dans tous les pays civilisés pour demander qu'il soit supprimé le plus tôt possible ;

Que depuis que le caractère et les détails de ce Commerce ont été mieux connus et les maux de toute espèce qui l'accompagnent complètement dévoilés, plusieurs des Gouvernements Européens ont pris en effet la résolution de le faire cesser, et que successivement toutes les Puissances, possédant des Colonies dans les différentes parties du monde, ont reconnu, soit par des Actes Législatifs, soit par des Traités et autres Engagements formels, l'obligation et la nécessité de l'abolir ;

Que, par un Article Séparé du dernier Traité de Paris, la Grande Bretagne et la France se sont engagées à réunir leurs efforts au Congrès de Vienne pour faire prononcer, par toutes les Puissances de toute la Chrétienté, l'abolition universelle de la Traite des Nègres ;

Que, les Plénipotentiaires rassemblés dans ce Congrès ne sauraient mieux honorer leur Mission, remplir leur devoir et manifester les principes qui guident leurs Augustes Souverains, qu'en travaillant à réaliser cet engagement et en proclamant, au nom de leurs Souverains, le vœu de mettre un terme à un fléau qui a si longtemps désolé l'Afrique, dégradé l'Europe, et affligé l'humanité ;

Les dits Plénipotentiaires sont convenus d'ouvrir leurs délibérations sur les moyens d'accomplir un objet aussi salutaire, par une Déclaration solennelle des principes qui les ont dirigés dans ce travail.

En conséquence, et dûment autorisés à cet Acte par l'adhésion unanime de leurs Cours respectives au principe énoncé dans le dit Article Séparé du Traité de Paris, ils déclarent, à la face de l'Europe, que, regardant l'abolition universelle de la Traite des Nègres comme une mesure particulièrement digne de leur attention, conforme à l'esprit du siècle et aux principes généreux de leurs Augustes Souverains, ils sont animés du désir sincère de concourir à l'exécution la plus prompte et la plus efficace de cette mesure, par tous les moyens à leur disposition et d'agir, dans l'emploi de ces moyens, avec tout le zèle et toute la persévérance qu'ils doivent à une aussi grande et belle cause.

Trop instruits toutefois des sentiments de leurs Souverains, pour ne pas prévoir que, quelqu'honorable que soit leur but, ils ne le poursuivront pas sans de justes ménagements pour les intérêts, les habitudes et les préventions mêmes de leurs Sujets ; les dits Plénipotentiaires reconnaissent, en même temps, que cette Déclaration générale ne saurait préjuger le terme que chaque Puissance en particulier pourrait envisager comme le plus convenable pour l'abolition définitive du Commerce des Nègres. Par conséquent, la détermination de l'époque où ce Commerce doit universellement cesser sera un objet de négociation entre les Puissances ; bien entendu que l'on ne négligera aucun moyen propre à en assurer et à en accélérer la marche ; et que l'engagement réciproque contracté par la présente Déclaration entre les Souverains qui y ont pris part, ne sera considéré comme rempli qu'au moment où un succès complet aura couronné leurs efforts réunis.

En portant cette Déclaration à la connaissance de l'Europe, et de toutes les nations civilisées de la terre, les dits Plénipotentiaires se flattent d'engager tous les autres Gouvernements, et notamment ceux qui, en abolissant la Traite des Nègres ont manifesté déjà les mêmes sentiments, à les appuyer de leur suffrage dans une Cause dont le triomphe final sera un des plus beaux monuments du siècle qui l'a embrassée et qui l'aura glorieusement terminée.

Vienne, le 8 Février 1815.

CASTLEREAGH.	C. LOWENHIELM.	LOBO.
STEWARD, Lieut.-Gén.	GOMEZ LABRADOR.	HUMBOLDT.
WELLINGTON.	PALMELLA.	METTERNICH.
NESSELRODE.	SALDANA.	TALLEYRAND.

RÉSOLUTIONS RELATIVES A L'ABOLITION DE LA TRAITE DES NÈGRES

Adoptées à la **Conférence de Vérone**, le 28 Novembre 1822.

Les Plénipotentiaires de l'Autriche, de la France, de la Grande Bretagne, de la Prusse et de la Russie, réunis en Congrès, à Vérone,

Considérant, que Leurs Augustes Souverains ont pris part à la Déclaration du 8 Février 1815, par laquelle les Puissances, réunies en Congrès à Vienne, ont proclamé, à la face de l'Europe, leur Résolution invariable de faire cesser le Commerce connu sous le nom de la Traite des Nègres d'Afrique ;

Considérant de plus, que, malgré cette Déclaration et en dépit des Mesures Législatives dont elle a été suivie dans plusieurs Pays et des différents Traités conclus depuis la dite époque entre les Puissances Maritimes, ce Commerce, solennellement proscrit, a continué jusqu'à ce jour, qu'il a gagné en intensité ce qu'il peut avoir perdu en étendue, qu'il a pris même un caractère plus odieux et plus funeste par la nature des moyens auxquels ceux qui l'exercent sont forcés d'avoir recours ;

Que les causes d'un abus aussi révoltant se trouvent principalement dans les pratiques frauduleuses, moyennant lesquelles les entrepreneurs de ces spéculations condamnables éludent les lois de leurs pays, déjouent la surveillance des bâtiments employés pour arrêter le cours de leurs iniquités, et couvrent les opérations criminelles dont des milliers d'êtres humains deviennent d'année en année les innocentes victimes ;

Que les Puissances de l'Europe sont appelées par leurs engagements antérieurs, autant que par un devoir sacré, à chercher les moyens les plus efficaces pour prévenir un trafic, que déjà les Lois de la presque totalité des Pays Civilisés ont déclaré illicite et coupable, et pour punir rigoureusement ceux qui le poursuivent, en contravention manifeste de ces Lois ;

Ont reconnu la nécessité de vouer l'attention la plus sérieuse à un objet d'une aussi grande importance pour le bien et l'honneur de l'humanité, et déclarent, en conséquence, au nom de Leurs Augustes Souverains :

Qu'ils persistent invariablement dans les principes et les sentiments que ces Souverains ont manifestés par la Déclaration du 8 Février 1815 ;

Qu'ils n'ont pas cessé, et ne cesseront jamais, de regarder le Commerce des Nègres comme : « un fléau, qui a trop longtemps désolé d'Afrique, dégradé l'Europe, et affligé l'humanité ; »

Qu'ils sont prêts à concourir à tout ce qui pourra assurer et accélérer l'Abolition complète et définitive de ce Commerce ;

Qu'afin de donner effet à cette Déclaration renouvelée, leurs Cabinets respectifs se livreront avec empressement à l'examen de toute Mesure compatible avec leurs droits et les intérêts de leurs Sujets, pour amener un résultat constatant, aux yeux du Monde, la sincérité de leurs vœux et de leurs efforts en faveur d'une cause digne de leur sollicitude commune.

RÉSOLUTION

DE LA

CONFÉRENCE DE LONDRES

La Conférence anti-esclavagiste internationale, réunie à Londres, émet le vœu suivant :

« Qu'il est désirable de solliciter de l'un des Gouvernements de l'Europe l'envoi d'une invitation officielle à toutes les Puissances civilisées, ayant pour objet la réunion d'une assemblée diplomatique, destiné à voir le renouvellement de la « *Déclaration des huit Cours relative à l'abolition universelle de la traite des Nègres,* » formulée au Congrès de Vienne, dans le protocole du 8 Février 1815, et des *Résolutions* relatives à l'abolition de la Traite adoptées à la *Conférence de Vérone* dans la séance du 28 Novembre 1822, par les cinq grandes Puissances.

« Aux fins d'obtenir l'adhésion de tous les États civilisés à ces deux Actes diplomatiques, soit pour la confirmation des engagements antérieurs des Puissances qui ont signé la « *Déclaration des huit Cours* », soit par l'adhésion de celles des Puissances qui, ne s'étant pas trouvées parties contractantes lors du Congrès de Vienne, n'ont pu signer le protocole du 8 Février 1815, la Conférence charge le Comité exécutif de l'Alliance universelle de présenter la Résolution ci-dessus à tous les Gouvernements des États civilisés, et le prie de faire, sans délai, les démarches nécessaires à la réalisation du but poursuivi. »

Londres, mars 1875.

Paris. — Typ. A. PARENT, rue Monsieur-le-Prince, 29 et 31.